Hope

GEDICHTE UND GEDANKEN

MAYA STOLPE

Hope

GEDICHTE UND GEDANKEN

Die Deutsche Nationalbibliothek verzeichnet diese
Publikation in der Deutschen Nationalbibliografie;
detaillierte bibliografische Daten sind im Internet über
dnb.dnb.de abrufbar.

© 2024 Maya Stolpe

Herstellung und Verlag:
BoD – Books on Demand, Norderstedt

ISBN: 9783758368356

Für all jene
die genauso allesverschlingend fühlen.

SAMMLUNG AN GEDICHTEN UND GEDANKEN

Fernweh.

Meine Gedanken entgleiten mir.

Über Lilaroten Wolken.

SLOW DEATH

What do I want in life?

I don't know the answer.

And not knowing it,

is killing me slowly.

TRÄNEN

Wenn tausend Worte mich erdrücken,

wenn die Gedanken nicht stoppen,

wenn mein Herz anfängt zu schmerzen und

mir das Atmen schwer fällt,

dann füllen Tränen meine Augen...

TAUSEND GEDANKEN

Eintausend Gedanken und Ideen. Eintausend Gefühle und Emotionen. Mein Kopf platzt aus allen Nähten. Und ich finde keine Worte dafür.

TRAUM

Ich stand am Waschbecken. Mein Spiegelbild sah mir mit fröhlichem, gut gelaunten Blick entgegen. Ich drehte den Wasserhahn auf und hielt die Hände unter das kühle nass. Ich sah mir kurz zu, wie ich lächelte. Dann wand ich den Blick ab und erstarrte. Da war auf einmal Blut. Das Wasser färbte sich rot. Zitternd drehte ich meine Handflächen nach oben und sah mit vor Schreck geweiteten Augen die vielen Schnitte auf meinen Unterarmen. Tränen liefen mir über die Wange. Vor Panik, vor Angst. Und als ich jetzt meinem Blick im Spiegel begegnete, zerbrach mir das Herz.

WENN...

Ich denke, was wäre gewesen, wenn...

Mein Herz zerreißt. Tränen laufen mir über die Wange. So viele Gedanken in meinem Kopf, aber kein Wort kommt über meine Lippen. Ich fühle mich eingeengt. Eingesperrt, wie ein Kanarienvogel in seinem goldenen Käfig. Golden, weil er doch scheinbar alles hat was er braucht. Nur eines fehlt ihm.

Das Wissen, wie er fliegen kann.

ALLEIN UNTER MILLIONEN

Wenn es dir schlecht geht, wenn du weinst, wenn dein Herz zerreißt, bei wem kannst du dich melden? Wer heilt deine Wunden?

Ich denke oft darüber nach. Wenn ich mir diese Frage stelle, fühle ich mich oft so alleine, wie selten zuvor. Man glaubt, durch diese sozialen Medien, ist man nie alleine. Tausende Follower sind doch bei einem. Du bist vernetzt, auf der ganzen weiten Welt und dennoch, fühle ich mich verloren, alleine.

MENSCHLICHKEIT

Mit jeder technischen Errungenschaft, verlieren wir ein Teil unserer Menschlichkeit. Wir bewegen uns stetig auf unseren Untergang zu. Selbst wenn die Menschheit nicht ausstirbt... menschlich, werden wir nicht mehr sein...

SAFE SPACE

Zu schnell, zu viel, zu laut.

Nicht richtig, nicht gut genug.

Ich ertrinke im Zwang perfekt zu sein.

Ertrinke in dem Druck,
der Hektik der heutigen Zeit.

Dann schließe ich die Augen,
träume mich hinfort.

Sand unter den Füßen,
Wellen rauschen und
den Geschmack von Salz
auf den Lippen.

Ich atme ein. Ich atme aus.
Ein Lächeln auf den Lippen.

Und ich fühle mich Zuhause.

BLENDENDE DUNKELHEIT

Die Stille dröhnt mir in den Ohren.

Sie gibt meinen Gedanken zu viel Raum,

in der blendenden Dunkelheit.

ABGRUND GEDANKEN

Menschen die am Abgrund standen,

das Gefühl hatten zu fallen,

sich im letzten Augenblick fangen konnten,

sie erkennen das Glück am Leben zu sein.

KRIEG

Ich kämpfe einen Krieg an zwei Fronten,

aber der wahre Grund warum mein Reich
untergeht,

ist der Bürgerkrieg den ich jahrelang versucht
habe zu vertuschen.

IF YOU NEED A REASON TO STAY... HERE ARE SOME OF MINE

i will share them with you

- das Geräusch von Regen auf dem Dach

- der Geruch von Sommerregen

- die Sonne auf deiner Haut

- das Meer

- das Lachen eines Kindes

- Sonnenblumen

- Musik

- Konzerte

- Fantasy Bücher

- der Geruch von Büchern

- das Reisen

- feiner Sand unter den Füßen

- das Rauschen der Wellen am Strand

- der Sonnenuntergang am Meer

- das Lächeln eines besonderen Menschen

- Hunde

- Welpen und Katzenbabys

- Poetry

- Volksfeste

- Freizeitparks

- Achterbahnfahrten

- leckere Cocktails

- deine Lieblingsserie immer wieder schauen

- der Geruch von Kaffee am Morgen

- der erste Kaffee am Morgen

- süße Tiervideos und Bilder

- frisch Geduscht ins Bett

- das erste Eis im Sommer

- ein richtig guter Kuss

- die Umarmung von deinen Liebsten

EIN SATZ

Ein Satz,

ein Wort

und schon fällt alles in sich zusammen.

Alles bricht über mich ein.

Ich zerbreche.

Und alles was sie sagen,

um zu helfen ist:

HÖR

DOCH

EINFACH

AUF

ANGSTGEDANKEN

Mein Kopf gibt keine Ruhe

Meine Gedanken schreien mich grade so extrem an. Ich weiß gar nicht wann es angefangen hat, aber jetzt ist es grade super schlimm. Jeder Gedanke jagt den nächsten und es wird mehr und mehr und mehr und schlimmer und schlimmer und schlimmer. Und ich hasse mich. Aber ich will mich nicht hassen. Ich hasse mich, weil ich mir denke: es gibt Leute die hat es schlimmer erwischt... ich sollte mich nicht so anstellen, ich sollte nicht übertrieben, mich nicht in den Vordergrund drängen... aber ich weiß auch, das diese Gedankengänge so toxisch sind... und mein Kopf hört nicht auf... und alles dreht sich darum. Und es wird lauter und lauter und lauter.

Ich denke ich bin schizophren. Die Beschreibung passt so gut... und vielleicht auch borderliner... aber mir geht's doch gut, denkt sich mein Kopf. Ich soll mich nicht so anstellen. Nein, das hab ich nicht, ich bin nur empfindlich... or whatever...

Und dann fängt der Druck an. Der Druck auf der Brust... und das Gefühl keine Luft zu bekommen.

Ich hab so viele Sorgen im Kopf und keinen mit dem ich es teilen kann. Ich möchte niemanden belasten und habe Angst vor dummen Kommentaren. Also fresse ich alles in mich hinein... und jetzt... jetzt bricht alles raus...

Die Angst vor Ablehnungen, die Angst nicht zu genügen, die Angst das jeder sieht, wie scheiße ich eigentlich bin...

Und grade habe ich Angst vor jeder sozialen Interaktion... ich mach mir selbst so Druck... so Angst. So viel. Es ist so viel.

Ich will die blöden Tabletten nehmen... weil sie alle Gefühle mal abschalten...alles dämpfen und ich mal Ruhe im Kopf habe.

There's fear in my heart

I'm drowning in shame

I'm living this moment

over and over again

I wanna scream

and shout

But when i open my mouth

silence

Und allein in meinem Zimmer

da lasse ich die Tränen fliesen

schreie lautlos in die Dunkelheit

HEARTBROKEN

BROKEN.

Every thought is about you.

Ping.

A new message.

Maybe it is you?

Music.

In every word I see you.

You.

Why can't I let you go?

HERZ SPLITTER

Mein Herz splittert Stück für Stück.

Die Scherben wandern durch meinen Körper,

lassen mich langsam innerlich verbluten.

Dein Name auf meinen Lippen.

Ich versuche dich zu vergessen,

versuche dich aus meinen Gedanken zu streichen.

Doch egal was ich tu,

in meinen Gedanken bist du.

ECHO OF YOURS

I should forget you.

but I can't.

I miss you.

And it hurts with every beat of my heart.

Your name in my thoughts,

like an echo of your touches.

I miss you.

.

You left me alone

with my dark thoughts

i guess i wasn't enough to hold on to

it just feels like it

i just think like that

You told me

it's okay

it was hard to realize

it was a lie

And now,

all by myself

you reminding me

of him

and it freaking hurts

SILENCE

I guess,

you don't even know

what you're doing to me

right now

and the silence

is telling me

you don't care

RADIO SILENCE

And everything what the silence

is teaching me right now:

i'm not important enough

LIAR

Somethings splinters.

every second,

every minute

the silence holds on

i learned,

that you lie.

I'm not strong enough

for us both

I'm not strong enough

for myself

I miss sending you poems…

... which reminding me of you

You showed me

what love looks like

and I hate your for that

Now all thats left is

the time before

and the time after

YOU

FRAGEN, DIE ICH DIR GERN STELLEN WÜRDE

- Haben wir uns wirklich so sehr getäuscht?

- Bereust du es?

- War irgendetwas davon echt?

- Vermisst du es?

- Erinnerst du dich gern daran zurück?

- Verfolgen dich die Erinnerungen, genau so sehr
  wie mich?

- Geht es dir gut?

- Hab ich dir genau so sehr weh getan,
  wie du mir?

- Geht es deinem Herzen gut?

- Hörst du noch immer unsere Lieder?

- Warst du je 100% ehrlich?

Und der einzige Satz von dir, der noch immer in
meinem Kopf nachhallt und die tiefste Wunde
geschlagen hat ist:

*Ich wünschte wir hätten Sex gehabt, dass ich mich
wenigstens an etwas erinnern kann.*

Als ob es da nichts gab, was es wert war, sich
daran zu erinnern.

Als ob ich es nicht wert war, dass man sich an
mich erinnert.

UNSEND MESSAGES

ANMERKUNG

Dieses Chapter ist für all jene, die ähnliches durchgemacht haben. Für all jene, die selbst schon tausend Nachrichten geschrieben haben. Aber nie den Mut hatten sie auch abzuschicken.

JUNI

[00:04, 25.6.2023] 마야: Ich vermiss dich so sehr, dass es weh tut

[00:04, 25.6.2023] 마야: Ich kann nicht aufhören an dich zu denken

[00:04, 25.6.2023] 마야: An uns

[00:04, 25.6.2023] 마야: Es fühlt sich alles so falsch an grade

[00:05, 25.6.2023] 마야: Ich vermisse deine Stimme

[00:05, 25.6.2023] 마야: Dein Lächeln

[00:05, 25.6.2023] 마야: Ich vermisse deine Nähe

[00:05, 25.6.2023] 마야: Ich vermisse es, mit dir zu zocken

[00:05, 25.6.2023] 마야: Ich vermisse deinen Duft

[00:05, 25.6.2023] 마야: Deine Umarmungen

[00:05, 25.6.2023] 마야: Deine Küsse

[00:05, 25.6.2023] 마야: Ich kann den Ring nicht abziehen

[00:05, 25.6.2023] 마야: Und dein Armband auch nicht

[00:05, 25.6.2023] 마야: Ich will die Tür zu uns nicht aus den Augen verlieren

[00:06, 25.6.2023] 마야: Ich habe so Angst, dass sie sich schließt

[00:06, 25.6.2023] 마야: Und alles weg ist

[00:23, 25.6.2023] 마야: Ich habe angefangen mir selber Nachrichten zu schreiben, wenn ich dir etwas schreiben möchte

[00:23, 25.6.2023] 마야: Vielleicht zeig ich es dir mal

[00:23, 25.6.2023] 마야: Irgendwann

[00:23, 25.6.2023] 마야: Wer weiß

***

[03:05, 26.6.2023] 마야: Es tut mir leid

[03:05, 26.6.2023] 마야: Ich vermisse dich so sehr

[03:05, 26.6.2023] 마야: Ich wäre gerne in deinen Armen grade

[03:05, 26.6.2023] 마야: Einfach bei dir

[01:18, 28.6.2023] 마야: Ich vermisse dich grade so sehr

[01:18, 28.6.2023] 마야: Und würde einfach so gerne eine Nachricht von dir bekommen

[01:18, 28.6.2023] 마야: Einfach ein hallo

[01:18, 28.6.2023] 마야: Einfach ein

[01:18, 28.6.2023] 마야: Ich vermisse dich so sehr

[01:18, 28.6.2023] 마야: Ein wie geht es dir

[01:19, 28.6.2023] 마야: Ich habe Angst, dass ich vergessen werde

[01:19, 28.6.2023] 마야: Dass sich die Tür zu dir schließt, dass Kapitel mit dir geschrieben ist

[01:19, 28.6.2023] 마야: Fertig

[01:19, 28.6.2023] 마야: Final

[01:19, 28.6.2023] 마야: Es macht mir Angst

[01:19, 28.6.2023] 마야: Das alles

[01:22, 28.6.2023] 마야: Du hast dein Discord Pb geändert

[01:22, 28.6.2023] 마야: Für mich war das wie ein Schlag ins Gesicht

[01:22, 28.6.2023] 마야: Irgendwie

[01:22, 28.6.2023] 마야: Eine Erinnerung

[01:23, 28.6.2023] 마야: Das es vorbei ist

[01:23, 28.6.2023] 마야: Wir sind nicht mehr wir

[01:23, 28.6.2023] 마야: Wir sind nur noch

[01:23, 28.6.2023] 마야: Du

[01:23, 28.6.2023] 마야: Und

[01:23, 28.6.2023] 마야: Ich

JULI

[16:46, 4.7.2023] 마야: Du warst lange das einzige, über das ich gern geredet habe

[16:47, 4.7.2023] 마야: Jetzt bist du die eine Sache, über die ich nicht nachdenken will, denn jeder Gedanken schmerzt wie eintausend Nadelstiche mitten ins Herz

[19:06, 4.7.2023] 마야: Wieso hast du gestern nicht gefragt, was los ist?

[19:06, 4.7.2023] 마야: Wieso hast du nicht geschrieben?

[19:07, 4.7.2023] 마야: Du sagst du liebst mich und doch schein ich egal zu sei

[19:47, 4.7.2023] 마야: Wieso muss ICH immer schreiben

[19:47, 4.7.2023] 마야: Wieso erwartest DU immer von MIR Aufmerksamkeit

[12:16, 6.7.2023] 마야: Nein, du musst nicht schreiben, du musst nicht fragen, wie's mir geht, ob alles okay ist,

Aber das sind kleine Dinge, die mir zeigen würden, dass wir noch nicht nur Erinnerungen sind

[12:25, 6.7.2023] 마야: Der Satz geht mir übrigens nicht aus dem kopf: ich wünschte wir hätten Sex gehabt, dann könnte ich mich wenigstens daran zurück erinnern…Das tut weh. Und fühlt sich sehr falsch an. Gibt es echt nix, woran du dich zurück erinnern kannst?

[00:11, 7.7.2023] 마야: Und du weißt einfach nicht, wie weh du mir tust

[00:11, 7.7.2023] 마야: Wie weh du mir mit jedem Wort tust

[00:11, 7.7.2023] 마야: Wie weh es tut, einfach nur deinen Namen zu lesen

[00:11, 7.7.2023] 마야: Und zu wissen, dass wir nicht mehr wir sind

[00:11, 7.7.2023] 마야: Das wir nie wieder wir sein werden

[00:11, 7.7.2023] 마야: Denn du verstehst nicht einmal meinen schmerz und gibst mir die Schuld daran

[00:20, 7.7.2023] 마야: Du wirst dich nicht mehr melden

[00:20, 7.7.2023] 마야: Und ich kann es einfach nicht mehr

[00:20, 7.7.2023] 마야: Die hinter her rennen

[00:20, 7.7.2023] 마야: So zu tun, als könnte ich das

[00:20, 7.7.2023] 마야: Als würde ich nicht daran zerbrechen

[00:20, 7.7.2023] 마야: *Ich hab deinen Ring abgelegt*

[00:22, 7.7.2023] 마야: Wie konnte ich dir so schnell so egal werden?!

[21:18, 10.7.2023] 마야: Ich dachte ich bin drüber hinweg

[21:18, 10.7.2023] 마야: Ich dachte langsam geht's mir gut

[21:18, 10.7.2023] 마야: Ich dachte langsam komm ich damit klar

[21:19, 10.7.2023] 마야: Und dann hör ich deine Stimme

[21:19, 10.7.2023] 마야: Dann seh ich dein Lächeln

[21:19, 10.7.2023] 마야: Und merke wieder, wie sehr ich dich vermisse

[21:19, 10.7.2023] 마야: Und merke, wie wenig du mich vermisst

[21:19, 10.7.2023] 마야: Keine einzige Nachricht

[21:19, 10.7.2023] 마야: Nichts

[21:19, 10.7.2023] 마야: Ich bin dir so egal

[21:19, 10.7.2023] 마야: Das sagt zumindest mein Kopf

[21:20, 10.7.2023] 마야: Und so schnell wie ein scheiß Porsche wechseln meine Gedanken von, mir egal zu, fick dich ins Knie

[21:29, 10.7.2023] 마야: Ich möchte alles hinschmeißen

[21:29, 10.7.2023] 마야: Ich möchte dir gern alles schreiben

[21:29, 10.7.2023] 마야: Alles an den Kopf werfen

[21:30, 10.7.2023] 마야: Ich würde dir gern weh tun

[21:30, 10.7.2023] 마야: So sehr

[21:30, 10.7.2023] 마야: Wie du mir

[21:30, 10.7.2023] 마야: Ich vermisse dich

[21:30, 10.7.2023] 마야: Wieso du mich nicht

[21:30, 10.7.2023] 마야: Wieso bin ich dir so egal

[21:30, 10.7.2023] 마야: Wieso bekomme gar keine Reaktion mehr von dir

[21:30, 10.7.2023] 마야: 1 Jahr Beziehung und ich bin keine Nachricht mehr wert?

[21:30, 10.7.2023] 마야: Fuck

[21:30, 10.7.2023] 마야: So viel zur guten Kommunikation zwischen uns

***

[21:23, 11.7.2023] 마야: Ich vermisse dich schrecklich

[21:23, 11.7.2023] 마야: Und es nervt mich

[21:23, 11.7.2023] 마야: Ich hasse es so sehr

[21:24, 11.7.2023] 마야: Ich hasse, dass du mir nicht mehr schreibst, mich einfach ghosted

[21:24, 11.7.2023] 마야: Ich hasse es, dass du nicht um mich kämpfst

[23:02, 13.7.2023] 마야: Und wieder einmal frage ich mich, wie du mich so einfach vergessen konntest

[23:03, 13.7.2023] 마야: Wieso ghostest du mich

[23:03, 13.7.2023] 마야: Wieso höre ich nix von dir

[23:03, 13.7.2023] 마야: Wie konntest du uns so einfach wegwerfen

[23:04, 13.7.2023] 마야: Ob du dir auch Bilder und Streams von mir ansiehst?

[23:04, 13.7.2023] 마야: Ich bin froh, dass du wieder streamst

[23:04, 13.7.2023] 마야: Aber es tut auch einfach weh

***

[23:21, 13.7.2023] 마야: Ich bin dir egal

[02:06, 19.7.2023] 마야: Ich denke an dich

[02:06, 19.7.2023] 마야: So unfassbar oft und heute ganz besonders viel. Ich vermisse dich sehr. Jede Sekunde. Obwohl ich irgendwie meinen Frieden damit geschlossen habe, wie es ist. Es ist besser so.

[02:06, 19.7.2023] 마야: Ich brauche wohl einfach noch etwas, dass alles zu verarbeiten.

[04:57, 23.7.2023] 마야: Ich wünschte du wüsstest, was für Schmerzen du hinterlassen hast

[04:58, 23.7.2023] 마야: Ich wünschte

irgendjemand würde sich um mich kümmern,
denn ich tu's nicht

[04:58, 23.7.2023] 마야: Ich vermisse dich

[04:58, 23.7.2023] 마야: So sehr

[04:59, 23.7.2023] 마야: Schaust du auch
manchmal heimlich meine streamst?

AUGUST

[21:31, 18.8.2023] 마야: Weißt du, wann ich dich am meisten vermisse....?

[21:31, 18.8.2023] 마야: Wenn ich allein im Dunkeln im Bett liege...

[21:31, 18.8.2023] 마야: Wenn ich den Drang habe, die Hand nach dir auszustrecken und du nicht da bist

[21:31, 18.8.2023] 마야: Und ich weiß, dass du nie wieder da sein wirst

[17:10, 21.8.2023] 마야: Ich frag mich, ob du den Kontakt zu mir auch so imitierst wie ich...

[17:10, 21.8.2023] 마야: Ob du mir schreibst, aber irgendwie auch nicht

[17:11, 21.8.2023] 마야: Ob du irgendwo, alles aussprichst, was du mir gern sagen würdest

[12:44, 23.8.2023] 마야: Ich hab das starke Bedürfnis dir zu schreiben

[12:44, 23.8.2023] 마야: Dich zu sehen

[12:45, 23.8.2023] 마야: Es tut weh

[00:13, 26.8.2023] 마야: Ich möchte dir von so vielen Dingen erzählen

[00:13, 26.8.2023] 마야: Andauernd ertappe ich mich dabei, wie ich denke: oh, dass sollte ich sofort L erzählen. Und merke dann, dass das dämlich ist.

[00:13, 26.8.2023] 마야: Das es vorbei ist.

[00:13, 26.8.2023] 마야: Und wir uns irgendwie nichts mehr zu sagen haben

[00:14, 26.8.2023] 마야: Ich denke dauernd an dich, in jeder Sekunde des Tages

[00:14, 26.8.2023] 마야: Andauernd

[00:14, 26.8.2023] 마야: Es tut weh

[00:14, 26.8.2023] 마야: Dich so sehr zu vermissen

[00:14, 26.8.2023] 마야: Ich frag mich, ob es dir genauso geht

[00:16, 26.8.2023] 마야: Ich würde gern wissen, was bei dir los ist

[00:16, 26.8.2023] 마야: Ich vermisse deinen Duft

[00:16, 26.8.2023] 마야: Deine Stimme

[00:16, 26.8.2023] 마야: Deine Wärme

[00:16, 26.8.2023] 마야: Dein Lachen

[00:16, 26.8.2023] 마야: Dein Lächeln

[00:16, 26.8.2023] 마야: Vorallem dein lächeln

[00:16, 26.8.2023] 마야: Und unsere Pläne, all unsere Pläne und Träume

[00:17, 26.8.2023] 마야: Was hast du mit mir gemacht

[00:18, 26.8.2023] 마야: Ich hoffe du bist grade stabiler im Leben als ich

[00:18, 26.8.2023] 마야: 🖤

[20:07, 30.8.2023] 마야: Denkst du manchmal noch an mich… so wie ich an dich?

[20:07, 30.8.2023] 마야: Spürst du auch diese Sehnsucht…

SEPTEMBER

[02:38, 2.9.2023] 마야: Ich weiß nicht ob ich dir schreiben soll oder nicht.

Ich weiß nicht, ob ich es abschicke, oder die Nachricht wieder lösche wie so viele zu vor.

Keine ahnung… ob ich ne Antwort möchte, oder nicht.

Ich vermiss dich. Schrecklich. Und dein Namen im chat zu lesen hat weh getan.

Es tut alles weh… deine Stimme in alten Clips zu hören, deinen Namen zu lesen, Bilder zu sehen… Essen zu kochen, dass du immer gemacht hast.

Ich koche fast nur noch diese doofen Nudeln mit Feta und Tomaten… ich spiele Spiele, dich mich an dich erinnern…

BORDERLINE

Borderline fühlt sich für mich an, als hätte ich zwei Persönlichkeiten, die sich von jetzt auf gleich abwechseln können.

Da gibt es die eine Seite von mir, die positiv, lebensfroh, aufgeweckt, unfassbar leidenschaftlich und von jeder Kleinigkeit begeistert sein kann. Eine Seite, die mutig ist, über sich hinaus wächst, immer und immer wieder. Eine Seite, die das Gesicht in die Sonne streckt, die Arme ausbreitet und vor Freude jubelt.

Und dann gibt es die Seite von mir, die von einem zum nächsten Augenblick auftauchen kann. Egal, ob ich grade den besten Tag meines Lebens hatte und ich eigentlich unfassbar dankbar und glücklich bin. Es ist, als lege sich ein Schalter um. Und all das Positive, all das gute ist weg. Es verschwindet hinter einem grauen Schleier. Oder ganz. Ist für mich unerreichbar. Unfassbarer Schmerz schnürt mir den Atem zu. Der Lärm meiner Gedanken betäubt mich. Das einzige, was ich spüre ist Selbsthass und unendliche Traurigkeit. Und ich würde alles tun, um diesem Gefühl zu entkommen. Um diesem Teil von mir zu entkommen.

Borderline fühlt sich für mich an,

als wäre ich im freien Fall.

Ungebremste Gefühle.

An Borderline erkrankt zu sein ist wie,

dein Lieblingsessen zu genießen und

aus dem nichts schmeckt es vergammelt.

Es ist wie, deinen Lieblingsfilm zu sehen und

plötzlich ist er einfach nur noch scheiße.

Es ist wie, in den Spiegel zu sehen und einfach

über alles zu lieben, was man sieht

und in einem Wimpernschlag möchtest du den

Spiegel zertrümmern,

weil du nicht erträgst, wer da vor dir steht.

Es ist ein ständiger, unvorhersehbarer

Stimmungswechsel, der dir alle Energie raubt

um zu leben.

Meine Gefühle sind wie eine wilde
Achterbahnfahrt.

Super gute Laune und dann plötzlich falle ich tief.

Der Sturz von ganz oben ist immer wieder hart.

Und dabei war ich doch grade einmal glücklich,
wie mein Leben lief.

hört das denn nie auf?

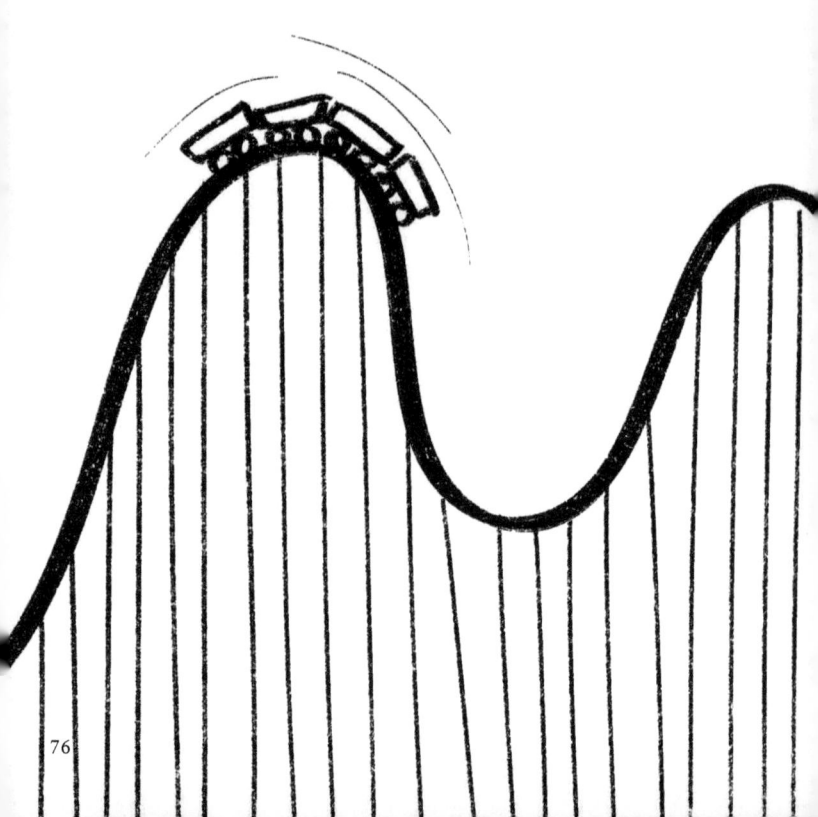

Das mutigste, dass ich je gesagt habe ist:

I often feel like

I'm missing out something

It's just the feeling

everyone knows something important about me

Everyone expect for me

Es ist ein balance Akt

die Gefühlswelt eines Borderliners

Meine Therapeutin erklärte mir die Gefühlswelt
eines Borderliners einmal so:

Die Gefühle eines Menschen ohne Borderline ist
in etwa, als würde man einen alten
VW Golf fahren.

Die Gefühlswelt eines Borderliners ist, als würde
man einen Porsche mit Skischuhen fahren.

Sitting in my car

Silently screaming

Heart aches

Music loud

So I can't here the voices in my head

Tears running down

Habt ihr auch nur

Die leiseste ahnung

Wie es ist

Keine Kraft mehr für

Sich selbst übrig zu haben ?

Habt ihr auch nur

Die geringste ahnung

Wie es ist,

Wenn man schreien will

Aber kein Ton aus dem Mund Kommt?

PLEASE

GET ME OFF THIS

ROLLER COASTER

TRAUMA

Angst, panik, hilflosigkeit,

diese Nacht in meinen Gedanken

wut, trauer, Machtlosigkeit,

ein ungehörtes Nein

Ich erinnere mich an die Kälte,

im Kontrast zu deiner Wärme.

Ich erinnere mich an den Gestank nach Alkohol

und Gras, daran, wie du dich an mich drückst.

Ich erinnere mich an mein Nein,

und daran, dass du es ignoriert hast.

Nichts hinterlässt so tiefe narben,

wie ein Nein,

dass nicht beachtet wird.

Da bist immer noch du in meinen Gedanken,
gemischt mit der Angst und Panik dieser Nacht.

Da sind noch immer diese Bilder,
die mich heimsuchen, nicht loslassen.

Da ist noch immer diese Frage:
Hätte ich mehr machen können? Ist es meine
Schuld?

Und da ist noch immer dieses eine Wort in
meinem Kopf, dass du nicht beachtet hast:

NEIN

Wieso ist das passiert?

Bin ich selbst dran Schuld?

Wieso ist es ausgerechnet mir passiert?

Wieso habe ich nicht mehr getan?

Wieso war ich so machtlos?

Wieso schäme ich mich so sehr für meine
Unwissenheit und Unsicherheit?

Wieso kämpfe ich damit...
und nicht du?

Wieso, hast du das Nein, nicht einfach akzeptiert...

Wieso geben wir uns selbst die Schuld?

Die Gesellschaft macht uns kaputt.

Die Gesellschaft gibt uns die Schuld…

Weil wir zu wenig anhatten.

Weil wir zu aufreizend waren.

Weil wir zu hübsch waren.

Weil wir Signale gesendet haben.

Weil wir es doch auch wollten.

Unsere Gesellschaft macht uns kaputt.

Weil ein NEIN nicht genug ist um uns zu schützen.

Es ist nicht fair,

dass wir angst haben müssen,

allein auf die Straße zu gehen.

Es ist nicht fair,

dass wir uns zweimal überlegen müssen,

was wir anziehen.

Es ist nicht fair,

dass wir noch immer die Schuld

aufgelastet bekommen,

wenn Männer sich nicht zusammenreißen können.

Die schlimmsten Gedanken, die ich hatte:

Wer wird mir glauben, dass das passiert ist?

Jeder wird denken,
dass ich selbst dran Schuld bin.

Alle werden denken, dass ich, so hässlich wie ich
bin, froh sein sollte, dass mich jemand anfasst.

Jeder wird denken, dass ich lüge, weil ich nicht
hübsch genug bin, dass mich jemand will.

Noch schlimmer war:

Dass ich es selbst geglaubt habe.

HEALING

Hört hin,

wenn jemand euch etwas anvertraut,

was tiefe narben hinterlassen hat

Hört hin.

Hört wirklich hin.

Denn oft ist es,

das schlichte Zuhören,

was verletzte Seelen brauchen.

Es ist nicht einfach

Wunden zu heilen,

wenn du dir die ganze Zeit einredest,

sie seien nicht da.

Anzuerkennen,

dass du Wunden davon getragen hast,

ist der erste Schritt.

Zu akzeptieren was war,

bedeutet nicht,

etwas unverzeihliches

zu vergeben.

Zu akzeptieren was war,

bedeutet nicht,

dass man gutheißt,

was vorgefallen ist.

Akzeptanz soll uns helfen,

mit etwas abzuschließen,

dass wir nicht mehr ändern können.

Zu heilen

bedeutet zu fühlen

was da ist.

Zu heilen

bedeutet zu akzeptieren

was war.

Zu heilen

bedeutet durch den Schmerz

zu leben.

Es ist ein Prozess

der seine Zeit braucht.

Also nimm dir Zeit.

Hab Geduld mit Dir.

DEATH

Ich war dabei,

als ihr Herz stehen blieb

als sie ihren letzten Atemzug tat

Ich war dabei,

als der Tod sie abholen kam

Ich habe mit angesehen,

wie ihr Körper erschlaffte

und jegliche Wärme verlor.

Manch einer wäre dankbar gewesen

in den letzten Momenten dabei sein zu dürfen

Aber mich hat es zerstört

Ein Leben

vorbei

Ich schaff das nicht noch einmal.

Hi. Ich heiße Maya Stolpe und bin die Autorin dieses kleinen Büchleins. Meine Freunde nennen mich Hope. Ich hab schon immer davon geträumt Autorin zu werden und habe mir hiermit endlich meinen Traum erfüllt. Wenn ihr mehr über mich erfahren wollt, schaut auf meinem Blog vorbei.

Blog: www.hopes-universe.com

Instagram: @x_justcallmehope

Twitch: @x_justcallmehope

TikTok: @xhopesuniverse